크리스천 자녀들과 부모들에게 전하는 이야기

[필독서]

한주안
신앙 1등
학업 1등
십계명

저자 한 성 택

도서출판 카리타스

한주안 신앙 1등 학업 1등 십계명

초판 1쇄 2024년 9월 20일
지은이 한성택
발행처 도서출판 카리타스
주소 부산광역시 동구 중앙대로 298(초량동) 부산 YWCA 304호
전화 051)462-5495 팩스 051)462-5495
등록번호 제 3-114호

ISBN 978-89-97087-83-9

이 출판물은 저작권법에 의해 보호를 받는 저작물이므로 무단 복제 할 수 없습니다.
잘못된 책은 교환해 드립니다.

크리스천 자녀들과 부모들에게 전하는 이야기

[필독서]

한주안
신앙 1등
학업 1등
십계명

저자 한 성 택

| 목 차

- 머리말 / 6
- 나의 출생기 / 9
- 8세, 성령받고 소아 우울증을 치료받다. / 12
- 중학교 첫 시험, 꼴등 / 15
- 고등학교, 7등급에서 1등급으로 / 19
- 수능시험을 통해 하나님을 더욱 알게 되다. / 23
- 대학시절, 교회를 품게 하시고 섬기게 하시는 하나님 / 26
- 임용시험을 한 번에 붙게 하신 하나님 / 28

- 나의 공부 십계명
    1. 매일 큐티를 하고 하루를 시작한다. / 32
    2. 공부는 신앙이다. / 36
    3. 공부는 하나님이 주신 선물이다. / 38
    4. 학교에서 최선을 다해 공부한다. / 42
    5. 주일 성수를 잘 지킨다. / 44
    6. 선생님과 좋은 관계를 만든다. / 48
    7. 목사님에게 공부를 위한 축복기도를 받는다. / 52
    8. 최선을 다하고 결과는 하나님께 맡긴다. / 56
    9. 다른 친구들이 공부를 잘하도록 축복한다. / 60
    10. 매일 찬양듣고 찬양을 부른다. / 62

- 부모님이 자녀에게 해야하는 역할
  1. 나의 부모님은 새벽마다 교회 나가셔서 기도를 해주셨다. / 66
  2. 나의 부모님은 한 번도 공부하라고 말한 적이 없다. / 68
  3. 나의 부모님은 부정적인 말을 하지 않고 항상 긍정적인 말만 하였다. / 70
  4. 나의 부모님은 아침 기도시간을 만들어 주기 위하여 차량으로 나를 등교시켜주셨다. / 72
  5. 나의 부모님은 신앙과 삶에 본이 되어주신 멘토이시다. / 74

- 매일 10분기도법 배우기 / 77
  - 기도란 무엇인가? / 78
  - 기도는 호흡이다. / 80
  - 기도는 하나님과 대화이다. / 82
  - 기도는 문제 해결의 열쇠이다. / 84
  - 기도는 영적전쟁의 무기이다. / 86
  - 기도는 공부의 기름부음을 받는 길이다. / 88
  - 기도는 하나님께 인도받는 길이다. / 90
  - 기도는 성장하는 시간이다. / 92
  - 기도는 하나님이 일하게 하시는 사역이다. / 94

부록
- 매일 10분 기도 쉽게 따라 하기 / 96
  - 공부 십계명 / 98
  - 부모님들이 해야할 일 / 100

| 머리말

"신앙과 공부, 이 두 가지를 다 잘할 수 있을까?"

학업 중인 자녀가 있는 크리스천 학부모라면 한 번쯤은, 아니 수시로 고민하는 질문 중 하나일 것입니다.

2024년 8월 8일 예환꿈교회에서 청소년 기도캠프를 가지면서 저에게 '학생시절의 신앙과 공부 관계'를 주제로 간증할 수 있는 기회가 주어졌습니다.

저는 중학교 시절 200여명 중 180등 정도로 시작해 2등으로 졸업한 것과 고등학교 시절 7등급으로 시작해 1등급으로 최종 마무리한 사실 등 학창시절 하나님께서 전적으로 인도해 주신 감사의 마음을 나눌 수 있었습니다.

그 간증을 들으신 아버지(한성택 목사)께서 저의 간증은 공부에 대한 간증만이 아니라 신앙의 간증이라 생각하시고, 지금 한국교회의 청소년과 부모님들에게 꼭 전해야 한다고 강력하게 말씀하셔서 이 글을 쓰게 되었습니다.

　전체 초안은 아버지께서 해주셨습니다. 나의 간증에 대하여 더 세밀하게 알고 계시기 때문입니다.
　이 책을 통하여 학생들이 신앙과 공부를 모두 잘 할 수 있다는 확신과 소망을 가지길 바랍니다.

　지금 학생들은 신앙과 공부, 이 둘 중 하나를 선택하려고 갈등하고 있습니다. 부모님들도 마찬가지입니다. 하나님은 다니엘과 같은 사람을 찾고 만들기를 원하십니다. 청소년기 신앙과 공부에 대하여 바로 알고 배우게 되면, 하나님 안에서 행복한 일꾼이 될 수 있습니다.

　저는 교회 속에 있는 청소년들이 행복한 삶을 살기 원하는 마음에서 이 글을 작성합니다. 신앙 때문에 불행하다고 생각하는 학생이 한 명도 없기를 바랍니다. 신앙이 나의 청소년·청년 시기를 붙잡아 주었다고 고백하고 신앙과 공부에 승리하기를 간절히 바랍니다.

지금 저는 중학교 교사로 근무하고 있습니다. 저의 꿈을 하나님이 이루어 주셨습니다. 저의 꿈인 교사를 통하여 이 땅에 다음세대를 세우라는 하나님의 꿈을 이루어 가고자 노력하고 있습니다. 하나님 안에서 꿈은 이루어집니다.

짧은 25년 인생의 간증이지만 이 책이 여러분의 꿈을 이루는 데 조금이나마 도움이 되는 나침반이 되기를 소망해 봅니다.

2024년 8월 17일 예환꿈교회 청년 한주안

나의 출생기

　우리 가정은 목회자 가정이다. 아버지와 형이 목사이며, 목회자의 사명을 감당하며 살아가고 있다.
　아버지는 우상을 섬기는 불교 집안에서 태어나셨다. 할머니가 무당이셨다. 어느 날 할머니가 온 집안에 저주가 임하는 것을 보셨고 돌아가시기 3개월 전, 이웃으로부터 전도를 받아 교회를 나가시고 평안히 천국으로 가셨다.
　이후 할아버지의 형님은 교회를 잘 나갔으며 큰집 온 가족이 신앙생활을 잘하는 믿음의 가정이 되었다.

　그러나 할머니의 소원에도 불구하고 할아버지는 교회를 나가지 않으시고 집안의 모든 제사를 지내면서 우상을 섬기기 시작했다. 그 결과 가정의 모든 환경이 피폐해지고 온 가족이 병마에 시달리고, 가난이 물밀 듯 찾아왔다. 마치 할머니가 보셨던 저주가 임한 것이다.

그때 아버지는 폐결핵으로 생사를 장담할 수 없는 상황까지 이르러 요양원에 입원하게 되었다. 아버지 나이 20세. 가장 건강해야 할 청년의 시기에 죽음을 앞에 두고 고통받는 처절함 속에 하나님이 아버지의 손을 잡아주셨다. 요양원에서 전도를 받아 교회를 나가기 시작한 것이다.

그리고 21세에 하나님을 만나고 기적과도 같이 완치되어 고통에서 벗어나셨다. 아버지는 우상이 가득한 집안에서 예수님을 믿은 첫 열매가 되셨으며, 목사로 부름을 받았다.

아버지는 29세의 나이인 1990년 예환꿈교회를 개척하셨다. 그리고 1999년 성전건축을 시작하셨는데 너무 힘들고 지쳐서 금식기도를 작정하고 기도원에 가셨다. 그런데 기도를 하면 할수록 교회 건축을 위한 기도가 아닌 둘째 자식을 달라는 기도가 입에서 나오는 것이었다. 놀란 아버지는 입을 막고 다시 교회건축을 위해 기도하고자 애를 썼다. 그러나 또 자식을 달라는 기도를 하고 있었고 이는 하나님이 하게 하신 것이라 생각했다. 그렇게 금식기도를 마치고 돌아와서 2개월 뒤에 나를 가지게 된 것이다.

나의 출생기는 내가 들어도 참 놀라운 하나님의 은혜이다. 그렇게 나는 2000년 5월 13일에 태어났다. 전적인 하나님의 은혜로 세상의 빛을 보게 된 것이다. 이 은혜는 아버지가 평생 다음세대 사역을 하게되는 시작점이 되었다. 하나님이 다음세대 사역을 하라고 나를 늦둥이로 태어나게 하신 것이다.

나의 출생에 대해 처음 들었을 때는 담담하고 감흥이 없었지만 한 해가 갈수록 하나님의 계획과 은혜가 신기하고 놀랍다는 것을 느낀다. 누구나 세상에 태어날 때 하나님의 계획과 은혜가 있음을 깨닫는다.

가족찬양모습

8세, 성령받고 소아 우울증을 치료받다.

나는 언제부터인지는 몰라도 항상 불안하고 무서워했다. 그래서 엄마를 떠나지 않는 아이였다. 부모님께 들은 이야기로는 4세 때에 두 번 죽을 고비를 넘겼다고 한다. 한 번은 자동차 안에서, 또 한번은 우리 집 거실에서 였다고 한다.

나는 어린나이였지만 너무나 고통스러웠던 것으로 기억하고 있다. 그래서 항상 엄마 곁에 있었고 매일 아침 엄마곁을 떠나 있어야 하는 어린이집에 가지 않으려고 울었다. 당시 부모님은 나를 위해 참 많이 울면서 기도하셨다고 한다. 이때부터 소아 우울증을 앓았던 것 같다.

2007년 1월 우리 교회가 주최하는 청소년 수련회가 있었다. 나는 여전히 엄마 곁을 떠나지 않았다. 수련회에 참석한 목사님 한 분이 나를 보고 아버지에게 말씀하셨다. "왜 아들을 여기 두나요? 지금 우리 교회는 목사님이 집회를 인도하고 가신 후 유치부 아이들도 부모들과 함께 기도합니다."라고 말씀하셨다고 한다.

 이 말을 들은 아버지는 성령님의 음성으로 듣고 나를 청년 선생님 한 분과 같이 제일 앞자리에 앉게 하셨다. 나는 집회가 진행되는 2시간 동안 잠만잤다. 일어나 보니 기도하는 시간이었다. 나는 기도를 따라하기 시작했다. 내 평생 처음으로 해보는 기도였다. 아무것도 모르는 8세 아이였지만 기도할 때 성령님께서 감싸고 기름 부어 주셨다. 나는 나중에야 확신할 수 있었다. 그날 얼마나 울면서 기도했는지 모른다.

 그 후로 나는 소아 우울증에서 완전히 해방되어 다른 아이로 새롭게 태어났다.
 너무나 밝아지고 어른들과도 대화를 나누고 이제 엄마 곁에 있는 것도 하지 않았다. 하나님은 나를 완전히 바꾸어 주셨다. 여덟 살 때의 성령체험의 기억은 지금까지도 내 신앙을 붙잡고 지켜준다. 하나님의 특별한 은혜로 하나님을 만나는 것은 나이가 어릴수록 좋은 것 같다. 하나님을 만났는지 알 수 없을지라도 기도의 시작은 하나님과 동행하는 삶을 걷게 한다. 어린아

이가 무엇을 알 수 있나 생각 할 수도 있지만 하나님의 능력은 그렇지가 않다. 학생들이 어린 나이에도 하나님을 만나고 은혜를 받아야 한다. 그 경험이, 그 기억이 얼마나 소중하고 귀한 것인가를 나는 알고 있다.

캠프때 기도시간

중학교 첫 시험, 꼴등

나의 초등학교 시절은 전도하는 어린이로 살았다. 우리 교회는 부모들이 교사를 하면 자녀들은 보조교사를 하는 시스템이었다. 자녀들을 다음세대의 리더로 키우고자 하는 목사님의 전략이었다.

어릴 때부터 목양이라는 교사를 하면 리더의 은혜를 받는다는 것이다. 보조교사들도 기도, 전도, 양육, 심방을 한다. 돌이켜 보면 나는 그때부터 가르치는 사명과 직업을 꿈꾸고 있었다. 하나님이 그때부터 교사의 꿈을 주신 것이다.

중학교 시절도 목양을 열심히 하였다. 토요일마다 교회에서 10여명의 친구들과 함께 기도모임을 하고 잠을 자고 주일을 지키는 것이 목양의 사명이었다. 나는 내 개인 시간이 없을 정도로 열심을 내었다.

중학생이 되어 나는 큰 충격에 휩싸인적이 있다.

그것은 전교생 200명중 180등이라는 성적표였다. 당시 너무나 큰 충격을 받았다. 운동하는 친구들 10여명을 제외하면 꼴등이라고 보면되는 숫자였다. 나는 부모님께 사실을 그대로 알렸다. 부모님은 아무말도 하지 않으시고 나에게 "무엇을 하고 싶으냐?"고 물으셨다. 난 형이 늘 권유해왔던 "일렉기타를 배우고 싶다."고 했다. 아버지는 6개월간 일렉기타를 배우게 하시면서 내가 예배자가 되기를 가르쳐 주셨다. 내가 졸업할 때 전교 2등으로 할 수 있었던 것은 하나님의 은혜와 부모님의 도움이었다.

그럼 내가 어떻게 180등 정도로 시작해 전교 2등으로 졸업을 할 수 있었을까?

비록 충격적인 등수였으나 부모님과 의논 후 일렉기타를 배우며 예배를 돕는 자로 신앙만큼은 철저히 지키면서 공부에 임했다. 그러던 중 어느 순간부터 공부를 하고 싶은 마음이 생겼다. 이는 하나님이 주시는 마음이라 생각한다.

또 하나님은 좋은 선생님을 만나게 해 주셨다. 중학교 시절 열심히 전도하고 제자삼는 일을 하는데도 공부에 대한 열정이 타오르면서 열공자가 되었다. 그때까지 학원을 가본 적이 없는데 선생님을 통하여 학원을 가라는 말씀을 전해듣고 아버지께서 교회 청년들을 통하여 수학 개인과외를 시켜주셨다.

하나님께서 내가 열심히 전도하고 제자삼으니 주변을 통하여 공부할 수 있도록 도우시는 것을 알 수 있었다.

전도는 점점 힘들어져 가는데 공부는 더 재미있고 성적은 오르기 시작하였다. 하나님이 공부의 기름을 부어주신 것 같았다. 그렇게 중학교 마지막 시험을 쳤는데 전교 2등을 한 것이다.

청소년 목양캠프에서 아버지께서 공부의 기름부으심을 받으면 꼴등도 일등 할 수 있다고 그렇게 외치셨는데 나에게 그 기적이 일어난 것이다. 공부에 대한 자신감이 붙기 시작하였다. 이는 전적으로 하나님의 은혜였음을 고백한다.

물론 나도 노력했지만, 나 자신을 돌아보면 그 정도로 성적을 올릴 수 있는 사람이 아니었다. 하나님의 일을 먼저 열심히 하니 하나님께서 긍휼히 여기시고 축복하신 것을 나는 믿는다.

그렇게 중학교를 졸업하고 집과 가까운 남고로 학교를 정하고 고등학교 입학을 기도하면서 기다리고 있었다.

하나님이 고등학교 생활도 함께 하실 것을 구하면서 겨울 방학을 보내었다. 그해 겨울 방학은 목양청소년캠프를 외부에서 마지막으로 한 해였다.

나는 중학교 시절은 전도하고 제자삼는 목양하는 시간으로 지금도 추억이 가득하다. 또한 180등 정도인 나를 전교 2등으로 끌어올려 졸업하게 하신 하나님의 은혜가 충만한 시간들이었다. 지금 돌아보아도 참 치열한 시간을 보내었던 것 같다. 지금 나를 만들기 위한 하나님의 손길이 가득한 시간이었다.

2024년 캠프 단체사진

고등학교, 7등급에서 1등급으로

나는 집에서 가까운 남고로 진학을 하였다. 겨울 방학 동안 청소년 수련회를 참석하고 은혜받느라 고등학교 준비를 제대로 하지 못하였다. 친구들은 학원에 가서 공부하고 준비들을 하였다. 나는 그렇게 하지 못했다. 그 결과는 충격적이었다.

중학교와 고등학교 공부가 다르다는 것은 알고 있었지만, 그럼에도 3월 모의고사의 7등급 성적은 나로 하여금 믿어지지 않는 큰 충격이었다.

이 사실을 부모님에게 그대로 말씀드릴 용기가 나지 않았다. 아마 당시 3-4등급으로 말씀을 드린 것 같다. 부모님은 별다른 이야기는 하지 않고 나를 위로해주셨다. 그러나 나는 내가 앞으로 어떻게 해야할지 알 수 없어 마음이 매우 복잡했다.

그로부터 신앙과 공부에 대한 갈등이 생겼다. 우리 집은 목사님 가정이라 토요일도 공부를 하지 않는다. 토요일은 주일 준비하고 전도하고 심방하는 날이다. 그렇게 공부해서는 도저히 고등학교 3년동안 제대로 할 수 없을 것 같은 마음이 들었다. 그래서 아버지에게 토요일은 공부를 하겠다고 말씀드렸더니 단번에 안된다고 거절하셨다.

하나님께 기도할 수 밖에 없었다. 기도 중에 하나님께서 "공부와 신앙은 나누어 지는 것이 아니라 공부가 신앙이다."고 말씀해 주셨다. 그때부터 나는 자유로워졌다. 토요일과 주일에만 신앙생활 하는 것이 아니라 학교가는 것이, 공부하는 것이 신앙이라는 것을 알고 난 후 나는 공부에 더욱 열정을 가지게 되었다. 학교 수업시간에 최선을 다해 듣고 의자에서 일어나지 않을 정도로 학교 공부에 최선을 다하였다. 수요일에는 수요예배, 금요일에는 금요기도회를 드렸다.

내가 고등학교 시절 우리 교회는 현재 성전인 성전건축을 시작했다. 온 성도들이 릴레이 금식기도 당번을 정해서 금식기도를 이어갔는데 나는 주일에 당번이 되어 하루 금식하며 기도했다. 또 중간고사를 앞두고 금식기도를 했다.
부모님이 반대를 했지만 나는 내가 해야 할 기도를 하고 싶었다. 아마도 그때부터 교회가 내 가슴에 들어온 것 같기도 하다. 성전건축을 위해 금식기도하면서 교회를 위해 기도하는 나를 보시고 주님께서 교회를 사랑하는 마음을 주셔서 내 중심에 교회가 늘 있다. 내가 받은 축복 중 하나가 교회가 내 마음에 있는 축복인 것 같다. 그렇게 열심히 공부를 하기 시작하니 성적이 오르기 시작하였다.

하나님은 계속하여 성적을 올려 주셨다. 공부가 힘들기도 하지만 재미가 있었다. 2학년 1학기부터는 전체 과목이 1등급으로 오르기 시작하였다. 그리고 계속하여 1등급 안에 머물게 되었다. 졸업을 앞두고는 문과 전체 1등을 하기도 하였다. 그 이유는 나에게는 공부가 신앙이기 때문에 수능을 친 후에도 끝까지 최선을 다해 공부를 한 결과였다. 수능을 앞둔 6월과 9월 모의고사에서는 400점 만점에 390점이라는 기적같은 성적이 나오기도 했다. 이것은 내 실력이라고 하기에는 설명이 되지 않는다. 전적으로 하나님의 도우심과 부모님의 기도 덕분이었다.

나는 누구든지 가능하다고 믿는 사람이다. 나의 최선과 하나님의 도우심이 있으면 되는 것이다. 하나님과 함께 공부하면 누구든지 1등급을 받을 수 있게 하신다.

지금도 많은 학생들이 고등학교 첫 시험을 치고 난 후 결과에 낙망해 공부를 포기하기도 한다. 나처럼 중학교 꼴등, 고등학교 7등급인 사람도 다시 역전할 수 있는데 미리 포기해 버리는 것이다.

　공부가 인생의 전부는 아니다. 그러나 학창시절 공부는 나의 전부가 되어야 한다. 그 이유는 하나님이 우리에게 선물로 주신 것이 공부이기 때문이다. 그 사실만 발견하면 공부라는 것이 다르게 다가올 것이다. 대부분 학생들은 공부가 자신을 괴롭히는 적이라고 생각한다. 이것은 사탄이 주는 생각이며, 사탄의 전략이다. 우리가 대충 살고 공부를 포기하게 만드는 것이 사탄의 전략이다.

가족산상기도

수능시험을 통해 하나님을 더욱 알게 되다.

　모의고사에서 고득점이 나와 내심 기대가 컸다. 진로결정을 앞두고 수시 원서를 넣는 과정에서 선생님과의 갈등, 부모님과의 갈등이 있었다. 그러나 나는 처음부터 끝까지 교사가 되는 것이 꿈이었기에 국립대 사범대학을 생각하고 있었다. 부모님은 서울 소재에 있는 대학에 붙으면 그곳으로 가자고 하셨다. 그런데도 내 마음에는 하나님께 기도한 사범대학이 강하게 있었다.

　드디어 수능일이 되었다. 길게는 12년 짧게는 6년의 평가를 받는 날이라 생각하니 기분이 이상하였다. 부모님은 교회로 가서 시험이 끝나는 시간까지 기도를 하셨다. 참 대단한 부모님이시다. 나는 항상 하나님께 좋은 부모님을 주신 것을 감사하고 있다.

첫 시간인 국어에서 이상기류가 감지 되었다. 나는 당황했다. 예상하지 못한 상황이 일어났다. 하나님께 기도하며 끝까지 잘 마무리 할 수 있도록 도와 달라고 요청하였다. 시험은 끝이 났다. 교회에 먼저 와서는 무조건 감사기도를 드렸다. 집에 와서 채점을 해보니 부모님의 기대에는 많이 미치지 못했으나 부모님이 원하는 대학에 들어갈 수 있는 점수였다.

지금와서 생각해보면 나를 교사로 세우셔서 다음세대를 하나님 앞으로 인도하려고 하시는 하나님께서 겸손하라고 필요한 점수만 주신 것을 알게 되었다. 그 이후 나는 대학가서도 더욱 겸손하게 공부를 할 수가 있었다. 하나님은 우리의 공부에 때를 따라 간섭하시는 것을 느끼면서 더욱 하나님을 의지하게 되었다.

많은 이들이 수능시험을 망쳤다고 말하지만 나는 하나님께서 가장 좋은 점수를 주시고 원하는 대학으로 인도하셨다고 믿고 감사하고 있다. 하나님은 한 번도 내가 공부로 인하여 교만해지지 않도록 간섭하시는 것을 알 수 있었다. 공부를 잘하여 인정받는 것도 좋지만 겸손한 자가 되는 것을 하나님은 더욱 원하신다.

나의 수능은 그렇게 사람들이 볼 때는 망쳤지만 내가 지금까지 치른 시험 중에 가장 좋은 결과였다. 그것은 하나님의 뜻을 이루기 위하여 나를 축복하신 하나님을 만날 수가 있었기 때문이다. 하나님은 우리에게 필요한 만큼 주시는 분이시다. 우리가 필요하지 않는 것은 주시지 않는다. 이유는 교만하기 때문이다. 공부는 나에게 그 교훈을 알게 한 축복이었다. 내가 필요한 만큼, 그때마다 주시는 하나님을 찬양하고 사랑한다. 꿈을 가지고 그 꿈이 하나님과 함께 한다면 하나님은 때에 따라 도와 주신다. 공부는 하나님이 우리에게 주신 선물이기 때문이다.

대학시절, 교회를 품게 하시고 섬기게 하시는 하나님

나는 청주에서 대학을 다녔다. 나는 매주 우리 교회를 섬기기 위하여 부산으로 열차를 타고 내려왔다. 나는 교회 방송실 음향을 담당하고 있었다. 하나님이 중학교 시절 방송부에서 음향을 배우게 하시고 우리 교회가 새성전 건축을 한 후부터 자연스럽게 방송실에서 음향을 담당하게 되었다. 고등학교 시절부터 하던 봉사이기에 내가 빠지면 어려움이 온다는 것을 알고 있었다. 하나님이 나에게 섬길 수 있는 기회를 주셨다고 생각하고 매주 부산으로 향했다.

나는 청소년 캠프에서 목사님을 통하여 대학을 가도 주일은 본 교회에 와서 섬기라는 말씀을 자주 들었다.

청소년 수련회에 오는 교회는 대부분 작은 교회이다. 한 명의 청년 일꾼이 귀한 것이다. 대학에 진학한다고 다른 지역으로 가면 교회는 일꾼이 사라진다. 그것이 지방교회의 현실이다. 좋은 대학 가서 수도권으로 가는 것은 좋은 일이지만 교회는 또 다른 어려움이 생기는 것이다.

하나님은 그의 아들 예수님을 십자가에서 죽이시고 인류를 구원하시고 교회를 세우셨다. 교회는 예수님의 몸이다. 우리가 주님을 사랑하는 가장 분명한 방법은 교회를 사랑하는 것이다. 교회의 부족함과 어려움까지 나의 기도 제목이 되고 사랑하는 것이다. 나는 그것을 배웠다. 그래서 부산까지 자연스럽게 올 수가 있었다. 내가 임용시험을 한 번에 붙을 수 있었던 것은 아마도 그 섬김 때문이지 않을까 생각해본다. 청소년 수련회에서 간증하면서 성품이 변하고 전도를 하고 공부 1등 한 사람들의 간증 대부분이 교회를 사랑하는 것이었다.

나의 대학 생활은 그렇게 시작하게 되었다. 이후 코로나 때문에 비대면 수업이라 자연스럽게 부산에서 교회를 섬기게 되었다. 사탄은 교회에 불만과 갈등을 만들어서 신앙을 멀리하게 만들고, 결국에는 우리 공부까지 방해하는 것이다. 교회 생활이 재미있고 은혜가 되면 공부에도 큰 도움이 된다.

임용시험을 한 번에 붙게 하신 하나님

주변에서는 내가 임용시험에 당연히 합격할 것이라고 생각하였다. 감사하면서도 부담스러운게 사실이었다. 나는 그런 말에 신경쓰지 않고 최선을 다해 준비하고자 노력했다. 부산에서 교회를 평생 섬기기 위해 부산을 선택하게 되었다. 당시 아버지의 건강 상태가 좋지 않았기에 더욱 마음이 갔다.

임용이 다가올수록 묘한 압박감이 다가오기 시작하였다. 나는 철저히 하나님만 의지하였다. 그리고 최선을 다해 준비하였다. 임용을 두 번 치고 싶지 않았다. 그러나 준비하는 것이 쉽지가 않았다. 임용을 앞두고 나는 하나님께 메달렸다. 그때 하나님은 나에게 이렇게 물으셨다. "정말 교사가 되고 싶어? 현장은 정말 힘들거야." 그리고 네 목숨까지 걸어야 하는 길이라고 말씀하셨다. 나는 "그 길을 걷겠다."고 하였다. 하나님의 도우심이 나와 함께하심을 믿었다. 하나님은 나만의 방법을 터득하게 하셔서 준비하게 하셨고 하나님의 은혜로 한 번에 붙는 축복을 주셨다. 너무나 감사하였다.

임용시험을 치는 날 고사장에 데려다주신 부모님은 시험이 끝날 때까지 교회에서 기도를 하셨다고 한다. 부모님의 이 은혜를 어떻게 다 갚을 수 있을까 생각해 본다. 나도 그런 부모가 될 수 있을까 생각하면 지금은 자신이 없다.
 그렇게 임용고시에 합격하고 중학교 도덕교사로 첫 발령을 받았다. 지금 생각해도 모든 것이 하나님의 은혜이다.

중학교 교사로 발령을 받으니 하나님은 나를 학교폭력 담당교사로 임명을 하셨다. 아무도 하고싶어하지 않는 것을 하나님은 나에게 맡겨주신 것이다. 아이들의 현장을 보라고 주신 것이다. 하나님이 나에게 분명히 현장에 가면 너무나 힘든 일이 기다리고 있다고 미리 말씀하셨기에 나는 견디고 최선을 다해 일을 하고 있다. 하나님이 늘 나와 함께 하심을 느낄 수 있다.

나는 청소년들을 세우는 사명을 받았다. 특히 교회를 다니면서도 신앙생활을 제대로 하지 못하는 아이들을 위하여 사명을 받았다. 학교 현장에서 믿음의 아이들을 만나 내가 경험한 신앙을 나누고 세우는 것이 내가 해야 할 사명이다. 이 책자도 내가 말로 다 할 수 없기에 조금이라도 도움이 되기를 바라는 마음으로 쓴 것이다.

 나는 임용시험을 통하여 하나님을 조금 더 알게 되는 시간이었다. 하나님은 나에게 꿈을 주시고 그 꿈을 이루어 가시기 위하여 늘 함께 하신다는 것이다.

엄마와 함께 대학졸업

신앙 · 학업 십계명

1계명 _ 매일 큐티를 하고 하루를 시작한다.

2계명 _ 공부는 신앙이다.

3계명 _ 공부는 하나님이 주신 선물이다.

4계명 _ 학교에서 최선을 다해 공부한다.

5계명 _ 주일 성수를 잘 지킨다.

6계명 _ 선생님과 좋은 관계를 만든다.

7계명 _ 목사님에게 공부를 위한 축복기도를 받는다.

8계명 _ 최선을 다하고 결과는 하나님께 맡긴다.

9계명 _ 다른 친구들이 공부를 잘하도록 축복한다.

10계명 _ 매일 찬양듣고 찬양을 부른다.

 1계명

매일 큐티를 하고 하루를 시작한다.

아버지께서 어느 날 큐티 책을 사주시면서 큐티 하기를 권하셨다.

고등학교시절부터 나는 그렇게 큐티를 하게 되었다.

정말 하나님의 은혜가 너무나 많았다. 체계적으로 말씀을 알게 되고 묵상하는 것을 알게 되고 적용까지 나에게 딱 맞는 것이었다. 큐티로 인해 신앙이 깊어지는 축복을 받았다.

고등학교..대학시절.. 큐티는 나에게 가장 중요한 시간이었다. 나의 학교생활에서 중요한 것이었다. 삶의 우선순위가 공부가 아닌 하나님이라는 것을 고백하는 시간이기 때문이다.

내가 7등급에서 1등급까지 갈수 있었던 것은 하나님이 공부에 대한 열정을 주셨기 때문이다. 그 열정이 큐티를 하면서 생긴 것이다. 매일 하루의 시작을 말씀과 기도로, 그리고 주님과 함께 하는 것은 내가 사는 목적이 무엇인지 매일 점검하는 것이기 때문이다. 크리스천 학생들이 공부에 지치고 포기하는 이유가 공부를 왜 하는지 삶의 목적이 무엇인지 모르기 때문이다. 방황을 하게 되기 때문에 공부가 잘될 수가 없다. 큐티는 그것을 바로 잡아준다.

나는 학생시절부터 크리스천들이 큐티를 하기 바란다.
학생들에게는 부모님같이 부르짖고 열정적인 기도를 매일 하기가 어렵다. 학생시절에는 하나님이 학업에 대한 복을 주시는 시간이다. 책을 보고 생각하고 묵상하는 시간이다. 그러하기에 큐티는 학생들이 꼭 해야하는 것이다.

위대한 하나님의 사람들은 대부분 큐티를 하였다. 어른들에게는 새벽기도가 큐티라고 생각한다. 새벽에 가서 목사님의 설교를 듣고 기도하는 것은 최고의 큐티이다. 그러나 학생들은 그렇게 매일 하기가 어렵다. 큐티책을 구입하여 읽는 것이다. 너무나 쉽다. 습관만 되면 신앙도 자라고 학업도 도움이 되어 성적이 오르게 된다.

큐티는 오늘 나를 있게 한 것이다. 처음에 매일 되지 않아도 포기하지 말고 다시 시작해야 한다. 습관이 되기까지는 시간이 필요하다. 아버지가 권해준 큐티 책은 하나님이 나에게 주신 큰 선물이었다. 나는 큐티를 통해 하나님과 깊은 교제를 나눈다. 나를 돌아보고 내가 겸손하게 살 수 있게 하고 하나님의 지혜를 얻고 세상에서 리더로 살아가게 되는 것이다.

[이렇게 큐티하라]

- 하나님 앞에 잠잠히 조용히하라
- 성령님의 도움을 간단히 기도하라
- 주어진 성경본문을 천천히 읽으라
- 말씀을 묵상하라
- 발견을 한 것을 쓰라
- 말씀을 붙잡고 다시 기도하라

 2계명

공부는 신앙이다.

고등학교시절 공부가 무엇인가에 대한 갈등이 왔다.

첫 시험에서 7등급을 받은 후 더욱 힘든 시간을 보내었다. 금요일까지 학교생활을 하면 토요일과 주일은 교회 봉사를 해야 했다. 무언가 분리되는 느낌을 받고 갈등할 때 주님은 나에게 응답해 주셨다.

공부가 곧 신앙이다. 학업은 하나님이 주신 것이기 때문에 학생이 공부하는 것은 곧 신앙생활이라는 것이다.

나에게 큰 응답이었다. 그때부터 공부에 대한 열정이 더욱 강하게 일어나기 시작하였다. 먼저 학교 수업을 최선을 다해 들었다. 쉬는 시간도 의자에서 일어나지 않을 정도로 공부를 하였다. 내 힘이 아닌 하나님이 공부에 대한 기름부음을 주신 것을 알 수가 있었다.

대부분의 크리스천 학생들은 신앙 따로 공부 따로로 생각한다. 그러므로 공부를 위해 기도하지 않는다. 매일 공부를 위해 1분을 기도하지 않는 학생이 많다.

공부를 위해 기도하는 것은 공부가 신앙이기 때문이다.

공부를 최선을 다해 해야 하는 이유도 공부가 신앙이기 때문이다. 교회에서 학생회 회장을 하고 봉사를 열심히 하는 사람이 공부를 열심히 하지 않는 것을 많이 보았다. 이유는 공부와 신앙이 다르기 때문이다. 나는 이 사실을 알고난 후 크리스천 학생들을 사역하고자 하는 마음을 가지기 시작하였다.

대부분 학생들이 청년이 되면 교회를 떠나고 타락하는 이유가 청소년 시기에 열심히 봉사했는데 결과가 원하는 것을 얻지 못하니 신앙에 갈등이 와서 주님을 떠난 것이다. 원인은 학생 때부터 공부가 신앙이 되지 않았기 때문이다.

학생시절 신앙이 더욱 좋아지는 길은 공부를 신앙으로 해야 하는 것이다. 그래야 공부를 통하여 많은 간증이 생기는 것이다.

사탄은 공부는 네가 하는 것이고.. 네 인생을 괴롭히는 적이라고 속인다. 결코 아니다. 공부는 하나님께 더 가까이 나가게 하는 신앙이다. 이 사실을 믿고 실천하면 누구나 공부에 승리하고 신앙에 승리하게 된다.

 3계명

공부는 하나님이 주신 선물이다.

　공부를 좋아하는 학생은 없다. 모두가 다 공부를 싫어 한다. 공부는 나를 괴롭히는 적이라고 생각한다. 학교는 교도소, 선생님을 교도관, 학생은 죄수라고들 한다. 어찌 이런 생각을 가지고 공부를 잘할 수가 있겠는가.

　나는 수련회를 통해 공부가 하나님이 나에게 주신 선물임을 알게 되었다. 다니엘은 바벨론 포로로 어린 나이에 잡혀가서 총리가 된 사람이다. 그가 총리가 된 여러 이유 중 하나가 하나님의 축복이다.

> 하나님이 이 네 소년에게 학문을 주시고 모든 서적을 깨닫게 하시고 지혜를 주셨으니 다니엘은 또 모든 환상과 꿈을 깨달아 알더라(다니엘 1:17)

다니엘이 총리가 될 수 있었던 것은 하나님이 그에게 학문과 지혜의 기름을 부어주신 것이다. 세상에서 하나님의 뜻을 이루기 위하여 절대적으로 필요한 것이 지식과 지혜이다. 하나님은 믿음의 자녀들에게 학문의 기름을 부어주심으로 세상에서 뛰어난 사람이 될 수 있게 하셨다.

> 이는 그가 모든 지혜와 총명을 우리에게 넘치게 하사(에베소서 1:8)

예수님은 구원받은 자들에게 지혜와 총명을 주신다고 언약하셨다.

> 그 안에는 지혜와 지식의 모든 보화가 감추어져 있느니라(골로새서 2:3)

예수님안에 세상에서 필요한 지혜와 지식이 있다는 것이다. 그러므로 학문은 하나님으로부터 나오는 것이다. 하나님이 공부라는 학문을 선물로 주신 것이다.

이 고백이 되기 시작되면 공부를 사랑하게 된다.
공부를 사랑하게 되면 나처럼 꼴등에서 일등할 수가 있다. 사단은 속인다. "공부는 너를 공격하는 적이다."라고 말이다. 공부가 하나님이 주신 선물이라고 믿게 되면 공부를 위해 간절히 기도가 되어 진다. 그때부터 공부에 기적이 일어 난다.

　고등학교 7등급에서 1등급으로 올라가기까지 하나님이 도우신 기적들이 너무나 많았다.

　내가 시험을 잘 본 적도 있지만 친구들이 잘못받아서 내가 등급이 올라간 적도 있다.

　전적 하나님의 은혜의 시간들 이었다.

　지식은 세상을 살아가는데 절대적이다. 세상에서 복음을 전하는 삶을 위하여 하나님이 우리에게 주신 것이다.

　우리가 지식으로 좋은 대학가서 졸업하고 좋은 직장가서 잘 먹고 잘사는 것이 목적이 아니지 않는가.

　세계복음화를 위해 하나님이 각자에게 맞는 재능과 지식을 주신 것이다. 그래서 공부가 하나님이 주신 선물이라고 고백하고 감사한다.

[공부에 대한 사단의 공격]

- 공부는 내 인생의 적이다.
- 학교는 나를 가두는 교도소이다.
- 선생님은 나를 괴롭히는 교도관이다.
- 공부는 내 인생에 중요하지 않다.
- 공부를 하지 않아도 나는 성공할 수 있다.

 4계명

학교에서 최선을 다해 공부한다.

　많은 친구들은 학원을 의지한다. 나는 고등학교시절 1학년까지 학원을 가고 2학년부터는 학원을 가지 않았다.
　학교에 남아서 야간자율학습을 하였다. 대부분 친구들은 학원으로 집으로 간다. 나는 학교에서 최선을 다해 공부를 하기로 하였다. 집에 와서는 공부를 하지 않았다.
　학교 수업시간 나는 최선을 다해 들었다. 선생님들이 가르치는 시간에 가장 집중하여 듣고 또 집중하였다.

　학원도 가지 않고 집에 와서 공부도 하지 않고 일등급을 올릴 수 있는 비결은 학교 수업시간에 최선을 다하는 것이다. 여기서 하나님의 도우심이 있다. 많은 친구들은 학교수업은 대충하고 학원에서 열심히 한다. 학교수업시간 졸기도 하고 집중하지 못한다. 그러면 학교생활이 힘들기 시작한다. 학업에 열정이

떨어지고 수능시험날까지 지치고 힘들어진다. 학교생활이 재미가 있어야 끝까지 갈 수가 있다. 나는 매일 기도로 하나님의 도움을 구했다. 수업시간에 잘 듣고 필기하게 해달라고 하였다. 학교에서 선생님들에게 성실한 학생으로 소문이 나기 시작한다.

친구들도 인정해주기 시작한다. 동아리 모임에도 인정을 받고 하니 학교가는 것이 신나고 재미가 있었다.

내가 일등급을 할 수 있었던 비결 중에 하나가 학교가는 것이 신이 났다는 것이다.

하나님은 가장 기본에 충실할 것을 원하는 것 같았다.

학생이 학교생활에 집중하고 재미가 있어야 하는데 대부분 학생은 학원에 집중하고 있다. 그러니 학교생활에서 열정이 사라지니 성적이 오르지 않는 것이다.

나에게 공부 잘하는 비결을 물어보면 학교생활에 집중하고 최선을 다하라고 말해주고 싶다.

하루 10시간 이상 있는 학교생활을 하나님은 신나게 할 수 있도록 도와주셨다. 그 시작은 매일 기도하는 것이다. 기도 응답이기도 하다.

 5계명

주일 성수를 잘 지킨다.

크리스천 학생들의 가장 어려운 부분 중에 하나다.

나는 다행히도 부모님들이 먼저 나를 그렇게 교육 시켰다. 그리고 나도 그것을 받아들였다. 너무나 자연스러운 것이 되었다.

대부분 교회 나오는 학생들이 예배가 끝나면 학원을 간다. 시험기간에는 예배를 드리러 오지도 않는다. 부모들이 크리스천인데도 그렇게 한다. 공부는 인생의 목적이 아니다. 하나님을 섬기기 위하여 필요한 도구에 불과하다.

왜 주일에 학원가서 공부를 하는가? 그런다고 성적이 오르는가?

그 이유는 신앙의 확신이 없기 때문이다. 주일에 공부하지 않으면 불안하고 다른 친구들에 비해 뒤떨어질 것 같아서이다.

나는 철저히 주일은 예배드리고 교회 봉사하고 가족과 함께 쉬었다. 주일에 하루 금식한적도 여러번 있었다.

성경에는 안식일을 거룩히 지켜라고 십계명에 말하고 있다. 인간은 하나님이 창조할 때 하루를 쉬도록 만들어졌다. 하루를 쉬어주지 않으면 빨리 지치고 쓰러지기 때문이다. 주일 하루를 예배드리면서 쉬면 재충전이 되어서 공부를 더욱 열정적으로 할 수가 있다.

그리고 성경에 주일 성수하면 주시는 복을 받게 된다.

> 만일 안식일에 네 발을 금하여 내 성일에 오락을 행하지 아니하고 안식일을 일컬어 즐거운 날이라 여호와의 성일을 존귀한 날이라하여 이를 존귀하게 여기고 네 길로 행하지 아니하며 네 오락을 구하지 아니하며 사사로운 말을 하지 아니하면 네가 여호와 안에서 즐거움을 얻을 것이라 내가 너를 땅의 높은 곳에 올리고 네 조상 야곱의 기업으로 기르리라 여호와의 입의 말씀이니라(이사야 58:13-14)

나는 학생 이전에 한 사람의 신앙인이다.
공부 때문에 나의 신앙이 무너지면 안되는 것이다.

공부의 축복을 받기 위해 주일성수를 한 것이 아니다.

하나님의 명령에 순종하고 하나님을 사랑하기 때문이다.

나는 일등한 것에 감사도 하지만 주일성수를 하면서 공부를 한 것이 더욱 감사하고 자랑스럽다.

주일성수를 철저히 해보라! 놀라운 일들이 일어날 것이다. 하나님을 의지하고 주일에는 공부를 하지 말고 예배와 봉사로 살아보라! 하나님은 학업에 놀라운 복을 부어주신다. 결단하면 하나님이 도와주시기 시작한다.

당장 결단하라. 신앙은 결단이다. 하나님은 우리를 사랑하시고 우리의 학업에 함께 하신다.

예환꿈교회 예배시간

[주일성수는 이렇게 지켜라]

- 주일은 주님의 날임을 기억하라.
- 주일은 온전한 예배를 드리므로 지켜라.
- 주일은 교회를 섬기고 봉사하면서 지켜라.
- 주일은 공부를 하지말고 말씀을 읽고 배워라.
- 주일은 영과 혼과 육신에 안식을 하면서 지켜라.

 6계명

선생님과 좋은 관계를 만든다.

   모든 것은 관계에서 만들어진다.
   나는 청소년 수련회에서 관계를 배웠다. 특히 학생은 나를 가르치는 선생님과 좋은 관계를 가져야 공부가 재미있고 성적이 오른다.
   대부분 학생들은 선생님을 싫어한다. 특별한 이유가 없다. 나를 위하여 하는 잔소리인 줄 알면서도 그냥 싫어한다. 그런 마음으로 수업을 들으면 잘 깨달아지지 않는다.
   하나님은 나를 성장시키고 훈련시키기 위하여 선생님들을 붙여주신 것이다. 이런 신앙이 먼저 세워져야 한다. 나를 위한 천사들이라고 생각해야 한다.

   선생님과 갈등이 생기기 시작하면 학교생활 자체가 어려워진다. 사탄은 이런 것을 너무나 잘 안다. 믿음의 자녀들을 방해

할 때 학교생활이 힘들도록 선생님과 갈등을 만든다.

나도 고등학교시절 사탄의 공격을 받은 적이 있다. 고등학교 2학년 3학년 때 담임선생님이시다. 내가 학업성적이 오르니 이유 없이 나를 교만하다고 하시고 나를 괴롭히기 시작하였다.

너무나 힘들어 기도도 했지만 응답이 없었다. 분명 하나님의 뜻이 있을 것인데 내 감정이 쉽지가 않았다.

이 사실을 부모님에게 상담 하였다. 부모님은 한 주간 특별기도를 하자고 하였다. 하나님은 나에게 그 선생님을 품고 가기를 원하셨다. 그 선생님에게 순종하기를 원하셨다. 나는 부모님과 함께 특별기도를 하면서 선생님을 위해 기도를 하였다.

그 이후 선생님이 달라지고 내 마음도 달라졌다. 사탄이 떠난 것이다.

우리집 근처에 사시는데 그 이후에 집으로 올 때 선생님 자동차로 함께 오게 되었다. 하나님은 나에게 학교생활에서 선생님과의 관계가 너무나 중요하다는 것을 가르쳐주셨다. 다행히도 부모님과 기도하므로 잘 극복하여서 감사한다. 나도 지금은 교사인데 학생들에게 잘 하려고 노력하는 것도 그때의 경험 때문이기도 하다.

나와 불편한 학생이 생겨서 학교생활과 공부에 지장이 있으면 안되기 때문이다.

공부에 축복을 받으려면 학교 선생님들과 좋은 관계를 가져야 한다. 그것을 위해 매일 하나님께 기도를 하여야 한다.

[선생님과 좋은 관계를 가져라]

- 선생님은 하나님이 나를 돕는 천사로 보내셨다.
- 선생님을 사랑하고 축복하고 존경하라.
- 사탄은 선생님과의 좋은 관계를 막는다.
- 선생님과 좋은 관계를 유지해야 학교생활이 행복하다.
- 선생님과 좋은 관계를 가지면 성적이 오른다.

 7계명

목사님에게 공부를 위한 축복기도를 받는다.

　하나님은 우리의 신앙을 위해 교회를 주셨고 그곳에 목사님들을 보내어 주셨다.
　나는 어릴때부터 아버지로부터 축복기도를 많이 받았다.
　그러므로 자연스럽게 시험을 앞두고는 축복기도를 받았다.
　내가 아는 형님은 지금은 의사가 되었는데 주일마다 목사님에게 축복기도를 여러 차례 받았다고 한다. 목사님이 귀찮아서 도망갈 정도로 사모하였다고 한다. 나는 그정도는 아니지만 자주 받았다. 그 이유는 하나님이 목사님을 통하여 주시는 축복을 믿고 인정하기 때문이다.
　이렇게 축복기도를 받으면 설교시간에도 잘 듣게 되고 은혜를 잘 받는다.

　　　하나님을 신뢰하라 그리하면 견고히 서리라 그의 선

지자를 신뢰하라 그리하면 형통하리라(역대하 20:20)

　지금도 한 주에 한번 출근할 때 몸이 좋지않을 때 기도를 받는다. 교회에 하나님이 세우신 목사님을 신뢰하고 나의 학업에 축복해달라고 사모하는 것은 우리 크리스천의 특권이다.
　목사님의 축복 중보기도는 응답 속도가 빠른 것을 나는 자주 경험하였다. 크리스천 학생들이 교회 안에서 목회자들과 관계가 좋지 않을 때가 많다. 설교가 마음에 들지 않아서… 성품이 마음에 들지 않아서… 내 스타일이 아니라서…등등

　이런 문제가 있으면 신앙도 문제가 생기지만 공부에도 영향을 미친다. 성경은 내 영혼이 잘 돼야 네가 범사에 잘된다고 하였다. 우리 영혼을 책임지는 목회자들과의 좋은 관계는 정말 중요하다.
　사탄은 이 사실을 알기에 교회생활을 하지 못하게 목회자들과 관계를 막히게 한다.
　그러나 자주 축복기도를 받으면 그런 문제는 사라진다.나를 위해 진심으로 축복기도를 해주시는 분이라는 사실을 알게 되면 신앙생활이 즐겁고 은혜가 넘친다.

　나는 부모님이 목사님이라서 그런지 축복기도 받는 것이 자

연스럽다. 나의 앞길을 나보다 더 기도하시고 축복하시는 목사님이시다. 나의 학업에 혼자 하지말고 목사님의 축복기도로 함께 해보라. 공부만 잘 되는 것이 아니라 내 삶의 모든 부분에 큰 역사가 일어난다.

공부 기름부으심기도

[목사님은 축복의 통로]

- 목사님은 하나님이 나에게 보내주신 사자이다.
- 목사님은 나의 축복의 통로이다.
- 목사님에게 축복기도를 받으면 예배가 신난다.
- 목사님과 좋은관계를 가지면 영적인 복을 받는다.
- 목사님의 중보기도는 응답이 빠르다.

 8계명

최선을 다하고 결과는 하나님께 맡긴다.

나는 중학교시절 184등도 하였다. 고등학교 시절 7등급으로 시작하였다. 수능도 너무나 실망스러운 결과가 나왔다. 내 학창시절은 롤러코스터를 타는 것 같았다. 그때마다 나는 배운 것이 있다.

최선을 다하고 결과는 하나님께 맡기는 것이다.

내가 최선을 다했다면 주어진 결과는 하나님이 나에게 주신 것이다. 많은 사람은 최선을 다하지도 않고 결과에 만족하지도 않는다. 또는 최선을 다하고 결과는 만족하지 못한다. 여기서 중요한 것은 후회하지 않는 최선이다. 내가 할 수 있는 최선이다. 다른 사람은 모른다.

많은 크리스천 학생들을 나는 학교에서 보았다. 최선을 다하지도 않고 기도를 하고 있었다. 그리고 나중에는 실망을 하였다. 오히려 믿지 않는 학생들이 더 최선을 다하는 것을 보았다. 우리 크리스천들은 결과에 마음을 두지 말고 최선을 다하는데 마음을 두어야 한다.

나는 고등학교 시절 하나님에게 큰 은혜를 받고 최선을 다했다.

임용을 준비하면서도 무더운 여름날에도 최선을 다하여 준비하였다. 쉽지 않는 시간들이 찾아왔지만 그래도 나는 하나님의 자녀이기에 대충하고 기도하면서 도움을 구할 수가 없었다. 하나님은 분명히 최선을 다하고 기도했을 때 좋은 결과를 주셨다.

나의 미래와 공부를 기도하면서 하나님께 맡기면 마음에 평안이 찾아온다. 세상에서 얻을 수 없는 평안이다. 그것이 능력임을 알게 되었다. 다른 친구들은 불안할 때 나는 마음이 평안했다. 최선을 다하고 결과를 하나님께 맡기는 사람에게 주시는 선물이다.

지금 나는 최선을 다하고 있는가라고 생각해 보라.
그리고 그 결과를 하나님께 맡기는 믿음을 가지고 있는가를 생각해 보고 아니면 먼저 최선을 다해보라. 그리고 하나님께 맡기고 기도해보라. 분명히 이전보다 다른 삶과 미래가 나에게 다가올 것이다.

  나는 임용을 준비하면서 몸이 망가지는지도 모른 채 열심히 하였다. 다른 친구들은 지쳐서 멈추고 있을 때 나는 지치지 않았다. 하나님이 나에게 최선을 다하는 마음을 주셨기 때문이다. 지금부터 다시 시작해보라. 아직 늦지 않았다. 꼭 공부가 아니라도 다른 길로도 하나님은 열어주시기 때문이다.
  단 최선을 다하는 자에게 길을 열어주신다는 것이다.
  어떤 결과가 와도 '감사합니다'라고 고백하기를 바란다.

[최선을 다해야하는 이유]

- 최선을 다하는 성실한자를 하나님은 축복하신다.
- 하나님은 게으른자를 가장 싫어 하신다.
- 최선을 다하면 기회가 온다.
- 최선을 다하고 하나님께 맡기면 마음이 평안해진다.
- 사탄은 우리가 최선을 다하지 못하게 방해한다.

 9계명

다른 친구들이 공부를 잘하도록 축복한다.

나는 행운아 인것같다. 우리교회가 주최하는 청소년캠프를 처음부터 끝까지 참석을 하였다. 유치부부터 시작한 캠프를 고등학생이 되기까지 참석을 하였다. 여름방학 겨울방학이면 캠프장소에 있었다. 얼마나 많은 말씀을 듣고 찬양을 하였겠는가.

캠프에서 말씀 중에 다른 친구들을 밟고 올라가려고 하지말고 함께 잘할수 있도록 하라고 배웠다. 시험치는 날에는 같은 반 친구들이 다 시험을 잘보도록 기도하라고 배웠다.

나는 자연스럽게 실천하였다. 내가 필기한 노트도 오픈하였다. 우리반 모든 친구들이 시험을 잘 보도록 기도하고 시험을 쳤다. 하나님이 그 마음을 기뻐하신다. 학교에서도 친구에게도 인정받게 되었다. 모두가 나의 경쟁 상대들이다. 그리고 친구들이다. 하나님이 원하는 마음은 모든 친구들이 다 잘되는 것이다. 나는 이기주의가 아닌 이타적인 삶을 배우게 되었다.

　이 모든 것은 부모님들의 가르침에서 많은 영향을 받았다.
　우리가 공부만 잘하는 사람이 되면 세상에서 좋은 리더로 좋은 사람으로 살 수가 없다. 이타적인 삶, 남을 위한 삶을 살아야 주님의 제자가 될 수 있는 것이다.
　내가 이렇게 공부의 축복을 받은 것은 바로 이런 마음 때문이라고 생각한다.

　세상은 나의 경쟁이 아니라 더불어 함께 잘사는 것이 하나님의 뜻이라는 것이다.
　한번 해 보라... 시험기간에 다른 친구들도 잘 볼수 있도록 축복해보라 마음속에 말로 표현할 수 없는 기쁨이 넘치게 되고, 그리고 하나님이 그 마음을 받으시고 나와 함께 세상을 변화시키자고 축복하신다.
　주님이 이웃을 사랑하라고 하신 것은 명령이시다. 나의 친구들, 나의 이웃인 그들에게도 하나님의 사랑과 미래의 축복이 가득하길 매일 기도하는 것이다.

 10계명

매일 찬양듣고 찬양을 부른다.

공부와 찬양이 무슨 관계가 있는가 생각할 수 있다.

학생들은 어른들과 달리 새벽기도와 철야기도를 하기가 어렵다.

그러나 찬양을 듣고 하는 것은 잘할 수가 있다.

매일 찬양을 들으면 영적 상태가 맑아지고 마음이 평안해진다. 찬양을 듣고 찬양을 따라 부르는 습관은 공부에도 큰 도움이 된다. 가요는 아예 듣지 않는가? 아니다 좋아하는 가요도 듣기도 한다. 그런데 가요를 들었을 때와 찬양을 듣고 따라 부르는 것은 완전히 다르다.

교회서 드리는 예배를 학교에서 드리기 어렵다. 그런데 찬양은 언제든지 듣고 부를 수가 있다.

학생 때 기타나 악기를 하나 정도 배워두면 공부에도 도움이 된다고 생각한다. 나는 중학교시절 일렉을 6개월 배웠기에 기타를 치게 되었다.

일렉도 내가 중학교 올라가서 첫 시험을 망치고 아버지가 무엇을 하고 싶냐고 묻길래 기타를 배우고 싶다고 하였다. 그렇게 배운 기타가 나의 학생시절에 신앙과 공부에 큰 도움이 되었다.

하나님은 인간을 찬양할 때 가장 행복하고 평안하게 만드셨다. 찬양할 때 우리 모든 기능이 회복되기 시작한다.

그중에 공부하는 지식과 지혜도 회복이 일어난다. 나는 공부에 찬양이 큰 도움과 역할을 한다고 믿는다. 찬양을 듣고 부르면 하나님과 깊은 교제가 이루어지기 때문에 하루의 삶 속에서 지친 내 영혼과 육신이 빨리 회복되어진다.

공부를 하고 밤늦게 집에 올 때 듣는 찬양은 정말로 내영혼의 안식이요 힘이 된다. 나는 찬양을 듣고 부르는 것을 했기에 게임에는 별 관심이 없었다. 많은 친구들이 스트레스를 풀기 위해서 게임을 하는데 우리 크리스천들은 찬양을 듣고 부르는 것이 더욱 좋다고 생각한다.

지금부터 도전해 보라 놀라운 일이 일어날 것이다.

나를 통제하는 힘이 생기고 공부하는 힘이 생기게 될 것이다.

[찬양의 위력]

- 찬양을 하면 하나님을 기쁘게 해드린다.
- 찬양은 우리가 예상하지 못한 기적을 만든다.
- 찬양을 듣고 부르면 마음과 육체가 건강해진다.
- 찬양을 듣고 부르는자는 하나님과 가장 친밀하게 살아간다.
- 찬양을 부르면 어두운 권세가 주변에서 사라진다..

부모님이 자녀에게 해야 하는 역할

1. 나의 부모님은 새벽마다 교회 나가셔서 기도를 해주셨다.
2. 나의 부모님은 한 번도 공부하라고 말한 적이 없다.
3. 나의 부모님은 부정적인 말을 하지 않고 항상 긍정적인 말만 하였다.
4. 나의 부모님은 아침 기도시간을 만들어 주기 위하여 차량으로 나를 등교시켜 주셨다.
5. 나의 부모님은 신앙과 삶에 본이 되어주신 멘토이시다.

나의 부모님은 새벽마다 교회 나가셔서 기도를 해주셨다.

부모와 자식은 하나이다. 부모가 자식이고 자식이 부모이다 라고 생각한다. 부모가 자식에게 해줄 수 있는 가장 큰 일은 기도이다.

우리 부모님은 새벽마다 나를 위하여 기도를 해주셨다.

기도하는 자식은 망하지 않는다고 한다. 부모님들이 하나님께 기도하는 것이 가장 우선되어야 한다. 자녀의 공부를 위하여 신앙을 위하여 기도를 해야 한다.

나는 나에게 상담 요청하시는 성도님들에게 꼭 당부한다. 자녀를 위하여 먼저 기도부터 하십시오.

기도하면 하나님이 간섭하시고 그 자녀들을 축복하기 때문이다.

자식을 양육하고 기도하는 일이 부모들의 첫 번째 사명이라고 생각한다.

우리 부모님은 내가 수능을 보는날 8시간을 교회에서 기도하셨다.

그것은 사랑이기에 가능하다고 생각한다. 어느 부모나 자식을 사랑한다. 그러나 하나님께 그 자식을 기도로 맡기는 부모는 진정 자식을 사랑하는 것이다.

내 힘으로 자식을 양육할 수 없다는 고백이기 때문이다.

나의 부모님은 한 번도 공부하라고 말한 적이 없다.

내가 꼴등을 할 때도 나를 예배자리로 인도하셨다.
나에게 악기를 가르쳐 주시고 찬양을 드리게 하셨다.
왜 공부하라고 하지 않고 예배의 자리로 인도했을까?
아마도 공부를 하라고 말하고 싶었겠지만 그것보다 하나님께 가까이 가는 것이 더 중요하기 때문이라고 생각했기 때문이다.

때론 왜 우리 부모님은 공부를 하라고 하지 않고 내 성적에 관심이 없지라고 궁금해한 적도 있었다. 공부가 안되고 힘들어 할 때 공부를 하라고 하면 공부가 될까?
아마도 우리 부모님은 알고 있었던 것 같다. 공부를 하라고 잔소리하는 것보다 하나님께 맡기는 것이 더 빠른 것을 알고 계신 것이다.

학생들이 가장 듣기 싫어하는 말이 공부해라이다. 당연히 공부를 하는 것인데 부모가 그 말을 하면 반감이 생기는 것이다.

학교 가도 공부하라고 하는데 우리 부모님만은 안하기를 바라고 있다.

내가 꼴등에서 일등을 하게 된 것은 아마도 공부하라고 잔소리하지 않았기 때문이라고 생각한다.

나는 미안해서 더 열심히 해야겠다고 생각했기 때문이다. 하나님과 부모님께 성적을 올려서 기쁨을 드리고 싶었다.

나의 부모님은 부정적인 말을 하지 않고 항상 긍정적인 말만 하였다.

　내가 꼴등일 때도 내가 일등일 때도 항상 너는 세계적인 리더다.
　이렇게 긍정의 말로 축복하시고 위로해 주셨다.
　자녀들이 상처를 가장 많이 받는 대상이 부모이다.
　부모들은 상처주려고 하는 말이 아닌데 자녀들은 상처를 받는다. 그 상처는 평생을 간다. 부모와의 관계가 멀어지게 하기도 한다. 자녀들에게 긍정의 말로 축복하고 위로하는 부모가 되려면 하나님을 먼저 생각해야 한다. 하나님이 나의 자녀를 어떻게 보실까?

　우리 자녀에게 무슨 말을 해주실까? 생각하면 답이 나온다. 긍정이다. 하나님은 할 수 있다라고 말씀하신다. 부모님들이 먼저 긍정의 믿음으로 변해야 한다.

나는 부모님에게 긍정의 말을 너무나 많이 들었다.

부정적인 말을 들은 기억이 없다. 그러기에 내가 꼴등을 할 때에도 다시 올라갈 수가 있었다.

공부는 자식이 하지만 그 공부를 하게끔 분위기를 돕는 것은 부모의 역할이다. 돈으로 학원 보내고 필요한 것을 사준다고 다한 것이 아니다. 그것보다 더 중요한 것은 긍정이다.

아들... 딸... 너는 할수 있어...하나님이 너와 함께 하시기 때문이야.

이 말을 듣고 자란 자녀들은 성적이 오르지 않더라도 낙망하지 않고 다시 시작한다. 우리 하나님은 그런 자녀들을 원하신다.

나의 부모님은 아침 기도시간을 만들어 주기 위하여 차량으로 나를 등교시켜 주셨다.

고등학생이 되면 밤늦게 들어오고 아침 일찍 학교를 간다. 집에서는 잠깐 잠만 자고 나간다. 그러니 교회에 가서 기도한다는 것은 꿈꾸기가 어렵다.

우리 아버지는 나에게 조건을 달았다. 내가 아침에 등교시켜 줄테니 그 시간 만큼 교회에서 기도하고 학교가자…

나는 거절할 수가 없었다. 너무나 좋은 조건이지 않는가.

기도해서 좋고 편안하게 학교갈 수 있으니 좋았다. 지금 생각해 보면 우리 아버지는 새벽기도를 인도하시고 피곤했을 것인데 나를 위해 희생하신 것이다. 한 명의 학생이 성장하고 자라는 것은 부모의 희생없이 불가능하다.

나는 행복한 사람이다. 나의 기도생활을 위해 자신을 희생하신 부모님이 계시기 때문이다.

기도하는자녀, 믿음의 자녀는 부모의 희생이 따라야 가능하다.

자식을 사랑하기에 희생하는 부모의 마음은 당연한 것같지만 아니라고 생각한다. 다 그렇지가 않다. 하나님의 사랑이 있기에 가능하다고 생각한다.

나도 부모가 되었을 때 그럴 수 있을까 생각해 보면 자신이 없다.

그러나 나도 할 것 같다. 부모의 그 사랑과 희생을 보고 자랐기 때문이다.

나의 부모님은 신앙과 삶에 본이 되어주신 멘토이시다.

우리는 공부를 잘하여 성공하는 자식을 만드는 것이 목표가 아니다.

하나님의 형상을 닮은 예수님 제자를 만드는 것이다.

그것은 공부 잘한다고 되지 않는다. 누군가가 보여주어야 가능하다.

바로 부모이다. 부모가 신앙과 삶에 본이 되어주지 않으면 공부는 잘하는 자녀가 나올 수는 있으나 훌륭한 리더는 나오지 않는다.

학생들에게는 본받고 싶은 멘토가 있어야 한다. 자녀들은 예수님 보고 변하지 않고 부모를 보고 변한다. 이것이 가정을 세운 하나님의 뜻이기도 하다.

그래서 사탄은 가정을 공격하고 무너뜨리는 일에 온갖 술수를 다 쓴다.

  나는 예수님 다음으로 존경하는 분이 부모님이다.
  목회자 가정이지만 명령형이 아닌 토론이 있고 존중이 있다. 진리에는 타협하지 않고 명하신다. 학생들이 공부와 신앙에 무너지는 이유가 부모님들의 신앙의 행동 때문이다. 청소년 시기에 공부에 큰 영향을 끼친다.
  말이 아닌 신앙의 모습으로 본이 되어주시면 자녀들은 분명히 세상에서 좋은 리더로 행복하게 살아가게 될 것이다.

하나님께서는
기도하지 않는 사람들에게
자신의 비밀과 지혜와
대의를 맡기신 적이 없다

E.M.바운즈

매일 10분 기도법 배우기

- 기도란 무엇인가?
- 기도는 호흡이다.
- 기도는 하나님과 대화이다.
- 기도는 문제 해결의 열쇠이다.
- 기도는 영적전쟁의 무기이다.
- 기도는 공부의 기름부음을 받는 길이다.
- 기도는 하나님께 인도받는 길이다.
- 기도는 성장하는 시간이다.
- 기도는 하나님이 일하게 하시는 사역이다.

기도란 무엇인가?

　구원받은 성도들에게 가장 중요한 것은 예배이다.
　그리고 하나님께 기도하는 것이다. 하루에 10분을 기도하지 않는 학생들이 90% 이상 된다.
　기도하지 않고서 어떻게 신앙생활이 되겠는가?
　학생들이 왜 기도를 하지 못할까를 생각 해보았다.
　여러 이유 중에 하나가 기도가 무엇인지를 몰라서 그렇다고 생각한다.

　기도가 너무나 중요한데 학생들은 기도가 학생에게 중요한지를 못느낀다. 기도는 어른들만 하는 것처럼 생각하기도 한다.
　기도의 본질을 먼저 잘 배우기를 바란다.

기도는 호흡이다

　기도를 쉬지 않고 하는 것이 가능한가?
　불가능하다. 어떻게 사람이 쉬지않고 기도를 할 수 있다는 말인가. 이 말은 기도가 생명이요, 호흡이라는 뜻이다. 우리의 호흡이 멈추면 죽는다.
　호흡은 곧 생명이다.
　호흡은 사람에게 가장 중요한 것이다.
　사람이 갑자기 쓰러졌을 때 그 사람을 살리는 방법은 호흡이 돌아오게 하는 것이다. 심폐소생술을 한다. 그래서 호흡이 돌아오면 병원으로 이송한다. 이유는 호흡이 멈추면 안 되기 때문이다.

　기도가 그런 것이다.
　우리가 기도를 멈추면 죽는다. 그 사실을 느끼고 믿는 사람이 없다.

　기도는 나의 생명 그 자체이다. 그런데 하루 10분을 기도하지 않는 학생들이 너무나 많다. 이런 사람이 어떻게 예배를 드리고 전도를 하고 크리스천으로 살아갈 수가 있겠는가?

　그래서 학생시절 교회 다니면서 신앙생활하는 것이 너무나 힘들기에 청년이 되면 교회를 떠나는 것이다.

　기도가 호흡임을 명심해야 한다.
　사탄은 우리의 호흡이 멈추기를 방해한다.
　우리가 기도하지 못하게 여러 가지 방법으로 막고 있다.
　우리가 기도하지 않으면 죽는 것을 알기 때문이다.

데살로니가전서 5:16-18

항상 기뻐하라 쉬지 말고 기도하라 범사에
감사하라 이것이 그리스도 예수 안에서
너희를 향하신 하나님의 뜻이니라

기도는 하나님과 대화이다

우리 기도의 대상은 하나님 아버지이시다.

기도는 하나님과의 대화이다.

아버지와 자식과의 대화가 기도이다.

기도를 너무나 어렵게 생각하는 사람들이 많다. 기도는 대화다.

대화는 좋아하는 사람, 잘 통하는 사람과 한다. 하나님은 우리와 대화하기를 원하신다. 성경에 대화 기도를 많이한 사람 중에 한명이 다윗이다. 다윗은 하나님에게 그의 고통과 아픔을 대화 시로 고백하였다. 하나님과 가장 대화를 많이 한 사람이다.

하나님은 다윗을 내 마음에 합한 사람이라고 하셨다. 나는 고난이 오고 내가 감당하기 힘든 시간이 올 때 대화 기도를 많이 한다. 길거리에서도 누워서도 자동차안에서도 사랑하는 아버지와 대화를 하는 것이다.

우리 학생들도 대화기도를 배워서 많이 하기를 바란다. 시험을 앞두고... 어려움이 왔을 때 내 마음의 생각을 그대로 이야기 하는 것이다. 그러면 10분 기도는 충분히 한다. 한 시간 기도도 할 수가 있다. 우리가 내 마음을 열고 대화 기도를 하면 하나님은 말씀을 통하여 내 마음을 통하여 응답하신다.

마태복음 6:9-10

그러므로 너희는 이렇게 기도하라 하늘에 계신 우리 아버지여 이름이 거룩히 여김을 받으시오며 나라가 임하시오며 뜻이 하늘에서 이루어진 것 같이 땅에서도 이루어지이다

기도는 문제 해결의 열쇠이다

 기도는 우리가 만난 환난과 문제를 해결받는 길이다. 너희 중에 고난당하는 자가 있느냐 그는 기도할 것이요[약5:13절]라고 하였다. 성경은 고난과 환난을 만났을 때 기도하라고 하신다. 기도하면 환난에서 구원해 주신다는 것이다. 학생때도 얼마나 문제가 많은가? 인생자체가 문제가 많다. 우리에게는 기도가 있어서 다행이다. 기도하면 그 문제를 해결해주신다고 말씀하셨다.
 어떤 사람은 "기도하는데도 우리집 문제가 해결 안되는데요"라고 반문할 수가 있다. 그 이유는 때가 아직 되지 않아서이기도하다. 그리고 더 좋은 것으로 주시기 위해서 이기도 하다. 분명한 사실은 문제가 있을 때 기도하면 그 문제를 극복하는 능력과 지혜를 주시든지, 그 문제를 해결해 주시든지 하나님은 우리를 도우신다.

나는 40여년 이상 그 체험을 하고 살아왔다. 기도하면 분명히 문제가 해결된다. 이것이 우리가 기도를 해야 하는 이유다. 사탄은 문제가 클수록 낙심하고 좌절하여 기도하지 못하게 방해 한다. 그래서 우리는 평상시 매일 10분 기도하는 습관을 가지고 있어야 한다.

기도의 습관을 가지고 있으면 문제가 생기면 내 몸이 기도의 자리로 가게 된다. 청소년 시기에 기도의 습관은 가장 큰 힘이요 무기가 된다.

예수님처럼 다니엘처럼 기도의 습관을 키워야 한다. 우리에게 다가오는 문제는 우리가 기도의 사람으로 강하게 만들어 지기도 한다. 그러므로 문제를 두려워하지말고 기도의 자리로 나가 하나님께 구하여보라 새로운 역사가 시작될 것이다.

시편 50:15

환난 날에 나를 부르라 내가 너를 건지리니
네가 나를 영화롭게 하리라

기도는 영적전쟁의 무기이다

예수님이 벙어리 귀신을 쫓아낸 것을 본 제자들이 우리는 왜 귀신을 쫓아내지 못하였냐고 물으니 예수님은 기도 외에는 이런 유가 없다고 하셨다. 기도가 답이라는 것이다.

마귀는 기도를 무서워한다. 마틴루터의 유명한 말이 있다. 개와 마귀는 엎드리면 도망간다. 마귀는 엎드려 기도하면 도망간다는 것이다. 기도는 대단한 능력이다. 우리가 하나님께 예수님의 이름으로 기도한다. 그 기도는 마귀를 도망가게 만든다. 마귀는 우리를 괴롭히고 죽인다. 청소년 시기에는 욕하게 하고 게임중독에 빠지고 흡연하게 하고 청소년의 삶에서 이탈하게 만든다. 극단적으로 자살하는 청소년이 얼마나 많은가? 다 마귀가 하는 짓이다.

특히 크리스천 학생들을 더 많이 괴롭힌다. 우리가 당하지 않으려면 기도하는 사람이 되어야 한다. 매일 10분이라도 기도하면 마귀를 이길 수가 있다.

다니엘이 사자굴에 들어가면서까지 신앙을 지키고 사자굴에서 살아나온 것은 그의 기도이다.

다윗이 원수들의 공격을 받고 죽음의 골짜기를 통과하고 승리한 것은 그의 기도이다. 기도하면 전쟁에서 이기고 마귀에게서 이긴다.

모세가 기도의 팔을 들면 전쟁에서 이겼다. 그러나 모세가 피곤하여 기도의 팔이 내려오면 전쟁에서 졌다. 기도는 영적 전쟁의 무기이다. 우리가 기도해야 하는 이유이다. 우리의 학습과 공부를 방해하고 망하게 하는 마귀를 쫓아내고 승리해야 한다.

마가복음 9:28-29

집에 들어가시매 제자들이 조용히 묻자오되
우리는 어찌하여 능히 그 귀신을 쫓아내지 못하였나이까
이르시되 기도외에는 다른 것으로는
이런 종류가 나갈 수 없느니라 하시니라

기도는 공부의 기름부음을 받는 길이다

하나님이 학문과 서적을 깨닫는 은혜를 부어주셨다고 한다.

나는 공부에도 기름부으심이 있다고 믿는다.

기도하면 하나님이 다니엘에게 부어주신 은혜를 부어 주신다.

다니엘이 처음부터 학문이 높고 서적을 깨달은 것이 아니라 하나님이 기름을 부어주셨기 때문이다.

기도하는 사람에게 주시는 축복이다. 하나님은 우리를 세상으로 보내셔서 하나님의 뜻을 이루시기를 원하신다. 그러기 위해서 지식과 학문이 필요한 것이다. 공부에 기름을 부어달라고 구해야 한다.

문제는 학생들이 공부를 위해 하루 1분도 기도를 하지 않는다는 것이다. 기도만 하면 하나님의 기름 부으심이 임하는데 왜 하지 않을까? 기도를 믿지 못하기 때문이다. 그리고 공부는 내가 해야 하는 일로만 생각하기 때문이다. 공부는 하나님이 나에게 주신 것이다. 라고 믿어야 한다. 공부의 기름 부으심을 받은 사람의 특징이 몇가지 있다.

먼저 공부가 재미있기 시작한다. 이전에는 지겹던 공부가 너무나 재미있다. 그리고 공부를 해도 지치지 않는다. 오랜 시간 책상에 앉아있어도 견딜만하다. 마음이 행복하다. 그리고 공부를 가르쳐 주시는 선생님과의 관계가 좋아진다. 그러므로 학습 듣는 태도가 달라진다. 성적이 오를 수밖에 없다. 이제 우리가 공부를 위해 기도해야 하는 이유이다. 하나님과 함께 기도로 공부를 하는 것이다.

다니엘 1:17

하나님이 이 네 소년에게 학문을 주시고
모든 서적을 깨닫게 하시고 지혜를 주셨으니
다니엘은 또 모든 환상과 꿈을 깨달아 알더라

기도는 하나님께 인도받는 길이다

　나의 가는 길에 인도자가 있다고 생각해 보라. 내가 가보지 않은 길을 먼저 가본 가이드가 있다고 생각해 보라. 우리가 여행을 갔을 때 가이드와 함께 가면 평안하게 여행을 한다. 그분이 가는대로 따라가며 여행을 하면 된다. 그러나 가이드 없이 혼자서 아무 준비없이 가면 고생을 많이 한다. 시간도 낭비한다. 우리의 인생길에 가이드는 하나님 이시다. 우리가 많은 계획을 세우고 가더라도 그 길을 인도하시는 분은 여호와이시다. 기도는 그분에게 바른 인도를 받는 길이기 때문이다.

　우리가 대학을 진학할 때도 갈등을 만날 때가 많다. 그러나 기도하면 어떤 대학을 가던 그곳에서 하나님은 우리를 인도 하신다.그래서 기도를 하는 것이 중요하다. 기도를 하지 않으면 불안하다. 어떤 결과가 오더라도 만족하지 못한다. 그러나 기도를 하면 내가 원하지 않는 길이라도 마음에 평안이 찾아오고 감사가 되어진다. 다윗은 인생의 고비 앞에서 기도를 하니 시편 23장을 고백하게 된다.

[여호와는 나의 목자시니 내게 부족함이 없으리로다 그가 나를 푸른풀밭에 누이시며 쉴만한 물가로 인도하시는도다]

우리의 미래는 하나님만이 아신다. 그 길을 하나님만이 정확하게 인도하신다. 그래서 우리는 기도를 해야 한다. 목자의 음성을 듣고 인도를 받아야 한다. 우리가 기도하면 가장 좋은 길로 인도하신다. 대학도 직장도 결혼도 모든 것을 하나님은 인도하신다. 하나님은 실수 하지 않으신다.

잠언 16:9

사람이 마음으로 자기의 길을 계획할지라도
그의 걸음을 인도하시는 이는 여호와시니라

기도는 성장하는 시간이다

우리는 성장해야 한다. 영적으로 정신적으로 육체적으로 건강하게 성장해야 한다. 기도는 우리의 정신과 영혼을 성장시킨다. 성경은 말씀과 기도가 우리를 거룩하게 한다고 한다. 거룩하다는 것은 하나님을 닮는 것이다.

왜 기도가 우리의 영혼과 마음을 성장 시킬까?

기도는 하나님을 만나는 시간이다. 사람은 누구를 만나느냐에 따라 그 사람을 닮아 간다. 하나님을 만나는 시간이 길수록 더 하나님을 닮고 영적으로 성장하게 된다.

매일 10분씩 일 년을 기도해 보라. 생각지도 못하는 변화의 일들이 일어난다. 내가 그렇게 노력해도 되지 않던 나쁜 습관들이 사라진다. 게임중독, 욕설, 흡연등 변화가 일어난다. 나의 영혼과 마음이 성숙해 져간다. 기도하면 세상을 보는 눈도 달라진다. 내 마음이 넓어지고 성장하여 많은 사람을 품는 사람이 된다. 기도는 최고의 성장의 시간이다. 내가 변화되고 성장하기를 원한다면 기도를 시작해 보라. 기도는 내가 할 수 없던 변화를 만들어 낸다.

기도를 많이 하고 오래할수록 더 많은 성장을 얻게 된다. 성자라고 불리는 모든 사람은 기도의 사람이었다. 우리는 세상에서 빛과 소금이 되는 사람이 되어야 한다. 우리 힘으로는 불가능하다. 우리가 하나님으로부터 변화를 받아야 가능하다.

너희는 이 세대를 본받지 말고 오직 마음을 새롭게 하므로 변화를 받아 하나님의 선하시고 기뻐하시고 온전하신 뜻이 무엇인지 분별하도록 하라(로마서 12:2)

우리가 변화를 받아야만 할 수 있다.
기도는 우리를 성장시키고 변화를 시킨다.
기도를 시작해 보라!
원하는 변화와 성장을 경험하게 될 것이다.

디모데전서 4:5
기도와 말씀으로 거룩하여 짐이니라

기도는 하나님이 일하게 하시는 사역이다

일을 행하는 여호와 그것을 만들어 성취하는 여호와 그의 이름을 여호와라 하는 이가 이르시도다 너는 내게 부르짖으라 내가 네게 응답하겠고 네가 알지 못하는 크고 은밀한 일을 네게 보이리라

아무 일도 할 수 없는 예레미야 선지자에게 하나님이 나타나셔서 하신 말씀이시다. 일을 행하고 성취하는 여호와...

일은 하나님이 하신다는 것이다. 너는 내게 부르짖어 기도하라 이렇게 말씀하신다. 기도는 하나님이 일하게 하시는 것이다. 우리가 일하면 안되는 것도 하나님이 하시면 쉽게 한다. 기도는 하나님이 움직이고 역사하게 하는 것이다.

하나님은 기도하는 사람의 소리를 듣고 움직이신다. 성경에 얼마나 많은 이야기들이 있는가? 많은 사람은 자기의 일을 자

기가 한다. 그래서 실패하고 망하기도한다. 그러나 하나님이 하시면 실패가 없다 망하지 않는다. 그래서 우리는 기도해야 한다. 그러면 하나님이 우리의 공부에도 도우시는가? 나는 그렇다고 믿는다. 공부는 우리가 노력하고 최선을 다해 해야하는 일이다. 그러나 기도하면서 공부를 하면 하나님은 나의 공부에 역사하기 시작한다. 내가 부족한 과목에 선생님과 친구를 만나게 한다. 또한 나만의 공부 방법도 가르쳐 주신다. 참 신기하고 놀라운 일들이 학교에서 일어난다. 앞으로 살아가는 세상은 우리가 할 수 없는 일들이 더 많이 기다리고 있다. 그러나 우리에게는 기도가 있다. 매일 10분이라도 기도하면 하나님이 우리의 삶 속에 일하시기 시작한다. 하루 10분 기도할 수 없는가? 그러면 하나님의 도움을 기대하면 안된다.

지금부터 시작해 보라. 나의 10분의 기도가 기적의 시작이 되고 하나님의 능력이 나타나기 시작한다. 기도는 너무나 좋은 것이다.

예레미야 33:1-3

일을 행하는 여호와 그것을 만들어 성취하는 여호와
그의 이름을 여호와라 하는 이가 이르시도다
너는 내게 부르짖으라 내가 네게 응답하겠고
네가 알지 못하는 크고 은밀한 일을 네게 보이리라

 | 부록

매일 10분기도 쉽게 따라 하기

📘 찬양을 부르면서 기도하기 [찬양기도]

　찬양은 곡조있는 기도이다. 다윗이 많이 한 기도이다.
　찬양을 듣고 부르면서 기도하면 기도를 쉽게 할 수 있다.
　청소년들이 가장 많이 해야하는 기도이다.
　두 곡만 불러도 10분이 지나간다.

📘 하나님과 수시로 대화로 기도하기 [대화기도]

　대화기도는 너무나 쉽고 재미가 있다.
　하나님이 내 곁에 있다고 믿고 친구에게 하듯 대화로
　말하면 된다.
　자꾸 하다보면 기도가 좋아진다.

📘 말씀묵상기도 [말씀기도]

　좋아하는 말씀을 암송하여 생각하면서 그 말씀이 성취되

기를 기도하는 것이다.
하나님이 많이 기뻐하는 기도이다.
말씀은 곧 하나님이시다.
하나님의 말씀 묵상기도는 기도에 힘을 준다.
주일 예배시간에 받은 은혜의 말씀 구절을 한주간 묵상하면서 기도하면 가장 좋다.

하루에 일어난 것에 대한 감사하면서 기도하기
[감사기도]

하루의 시작과 끝을 감사로 하는 것이다. 아침에 일어나서 하루를 주심에 감사하고 저녁에 하루를 마침에 감사하는 것이다.

감사일기를 쓰면 좋겠지만 마음으로 일기를 써도 그것이 기도가 된다.

습관이 되면 좋은 믿음의 사람 기도의 사람이 된다.

 | 부록

공부 십계명

1계명 _ 매일 큐티를 하고 하루를 시작한다.

2계명 _ 공부는 신앙이다.

3계명 _ 공부는 하나님이 주신 선물이다.

4계명 _ 학교에서 최선을 다해 공부한다.

5계명 _ 주일 성수를 잘 지킨다.

6계명 _ 선생님과 좋은 관계를 만든다.

7계명 _ 목사님에게 공부를 위한 축복기도를 받는다.

8계명 _ 최선을 다하고 결과는 하나님께 맡긴다.

9계명 _ 다른 친구들이 공부를 잘하도록 축복한다.

10계명 _ 매일 찬양듣고 찬양을 부른다.

 | 부록

부모님들이 해야할 일

1. 나의 부모님은 새벽마다 기도를 해 주셨다.

2. 나의 부모님은 한 번도 공부하라고 하지 않고 신앙으로 인도하셨다.

3. 나의 부모님은 부정적인 말을 하지 않고 긍정적인 말로 힘을 주셨다.

4. 나의 부모님은 아침기도 시간을 만들어 주기 위하여 차량으로 등교 시켜주셨다.

5. 나의 부모님은 수능시험 보는 날 8시간을 기도로 함께 하셨다.

6. 나의 부모님은 나의 신앙과 삶에 본이 되어주신 나의 멘토이시다.

가장 아름다운 소리

오늘도 교회에 왔습니다.
문을 열고 들어오니
소리가 납니다.
듣는 순간
누구의 소리인지
알 것 같습니다.
세상에 많은 소리가
있지만 내 평생 기도
소리보다 아름다운 소리를
들어 본 적이 없습니다.
간절함과 소원이 담긴 소리
누군가를 위한
사랑의 소리
하나님은 저 소리에
얼마나 기뻐 할까
생각해 봅니다.

날마다 저 아름다운
소리를 새벽부터
들을 수 있음에 나는
참 행복한 사람입니다.
하나님 감사합니다.
저 소리들이 하늘보좌를 움직이고
수많은 영혼을 살리시니
감사~또 감사합니다.

소중한 인생

오늘도 교회 출근길에

교회 뒷동산에서

맨발로 걷고 운동을 했습니다.

걷는 중에 소나무가 눈에 들어옵니다.

30여 그루의 소나무가

같은 것이 하나도 없습니다.

다 모양이 다릅니다.

신기하고도 놀랍습니다.

세상에 작품은

단 하나 일 때 소중합니다.

지금까지 인류역사에

나와 같은 사람은 한명도 없습니다.

갑자기 내가 얼마나

소중한 사람인지가 생각납니다.

나를 인생의 걸작품으로

만드신 하나님께 감사가 됩니다.

소중한 내 인생

걸작품답게 만드신 그분 위해

오늘도 웃고 감사하며

살렵니다.

버려진 솔방울

오늘은 버려진 솔방울로
발 지압을 했습니다.
너무 시원하고 좋습니다.
솔방울이 이렇게 소중하게 역할을 합니다.
우리 주변에 버려진 것 중에
귀한 것들이 많습니다.
아마 어딘가는 필요한 것일 겁니다.
나는 죄로 인해 버려진
인생이었는데
하나님의 사랑으로 구원받고
솔방울처럼 발을 시원하게 하듯이
하나님을 기쁘게 해드리면서
오늘도 산다고 생각하니
너무나 감사하게 됩니다.
나를 가치있는 존재로 세우시기 위해
자신을 버리신 주님

감사하고 사랑합니다.
솔방울 하나로
귀한 감사를 알게 되었습니다.